Paracaidistas de Checoslovaquia

MUSEO SALVAJE

Colección de Poesía

———————————————

Poetry Collection

WILD MUSEUM

Eduardo Bechara Navratilova

PARACAIDISTAS DE CHECOSLOVAQUIA

—LIBRO I—

Nueva York Poetry Press LLC
128 Madison Avenue, Oficina 2NR
New York, NY 10016, USA
Teléfono: +1(929)354-7778
nuevayork.poetrypress@gmail.com
www.nuevayorkpoetrypress.com

LIBRO EN COEDICIÓN SIMULTÁNEA:
© Primera edición en Buenos Aires, 2019, Abisinia Editorial
© Primera edición en Bogotá: 2019, Editorial Escarabajo S. A. S.

Paracaidistas de Checoslovaquia
© 2019, Eduardo Bechara Navratilova

ISBN: 978-1-950474-25-7

© Colección Museo Salvaje, Vol. 25
Poesía latinoamericana
(Homenaje a Olga Orozco)

© Corrección literaria: Fredy Yezzed

© Concepto de colección y edición: Marisa Russo

© Diseño de colección y cubierta: William Velásquez Vásquez

© Fotografía de autor solapa: Patricio Contreras

© Fotografía de autor interior: Hana Navrátilová

© Fotografía de portada: Archivo Familiar Hana Navrátilová
Capitán Karel Navrátil, Václavské náměstí 45, Praga, 12 de febrero 1940.
En el reverso y con su caligrafía el capitán indica: "Věnuje mamince syn Karel" / Para
mi querida mamá, Karel. Foto tomada por una cámara Kodak de la época.

Bechara Navratilova, Eduardo.
Paracaidistas de Checoslovaquia/ Eduardo Bechara Navratilova. 1a edición New York:
Nueva York Poetry Press, 2019. 150 p. 5.25 x 8 inches.

1. Poesía colombiana. 2. Poesía sudamericana. 3. Literatura latinoamericana.

A Karel Navrátil, mi abuelo,
quien participó en la Segunda Guerra Mundial.

Eduardo Bechara Navratilova

No se puede escapar más
que hacia arriba.

ANDRE GIDE

Invasión de Checoslovaquia

PERSONAJES

El Führer, *Adolf Hitler*

Neville Chamberlain, *primer Ministro de Inglaterra*

Gobierno checoslovaco, *administración de Edvard Beneš*

Los checoslovacos, *pueblo checoslovaco*

Édouard Daladier, *presidente de Francia*

Edvard Beneš, *segundo presidente de Checoslovaquia*

Ejército checoslovaco, *grupo de soldados*

Anciano checoslovaco, *hombre de la tercera edad*

Winston Churchill, *primer Ministro de Inglaterra*

Vendedor de diarios, *adolescente*

Vendedor de diarios en Bohemia, *segundo adolescente*

Emil Hácha, *tercer presidente de Checoslovaquia*

Jozef Tiso, *presidente de la República Eslovaca Independiente*

Reinhard Heydrich, *teniente general nazi*

Checo en el exilio, *hombre de mediana edad*

El Führer: Ojos sobre Checoslovaquia

Quiero el poder. Quiero a Austria. Quiero a Checoslovaquia. Quiero los pies blancos de una bailarina; quiero a los ojos negros de mi perro. Quiero el jardín de flores luminosas, el verdor de la madrugada, a Europa entera unida a mis pies. Quiero los Sudetes, el hilo eslavo en la sangre de Alemania.

Una excusa, una que pinte de negro las paredes: el pobre nivel de vida en los ojos de un reflejo.

Konrad Henlein ven a mí, tu Führer, Alemania exige a Checoslovaquia autonomía para esas tierras de lomas cristalinas.

Francia, Inglaterra, cachorros del miedo, le pedirán a Beneš aceptar. Beneš tiene ojos de agua, y en su dulzura caerá también su pueblo. ¡Muevan al ejército! Ordeno, y te firmo esta directiva: guerra secreta contra Checoslovaquia.

Pase lo que pase, la tomaremos por sorpresa, pasé lo que pasé, la tragaremos, sapo que engulle al hermano.

Ven aquí, mi hermoso Blondi, quiero darte una caricia redonda. Tú respondes a mis comandos. El resto de humanos son la corriente de nuestro Elba.

Canta el coro:

Una chispa. Cualquier excusa. La pelea sobre la mesa; juego de cartas. En la pelea todos pierden, aunque alguien gane; en la pelea afloran los instintos más mezquinos, los instintos más humanos.

Neville Chamberlain:

Petición temblorosa

Te pido, mi querido Beneš, usar un mediador. Acepta sin mostrarme los dientes ni apretar la mandíbula. Convéncete, la sangre derramada en la Primera Guerra es suficiente. Tú conoces la cara más profunda de lanzarse a la pelea, los estragos que vuelan con las paredes reventadas, chisporroteos de sangre en los baldosines. Acepta las peticiones alemanas.

CANTA EL CORO:

Si cosechas miedos prepárate para volverte un fruto en la boca de un carnívoro.
El miedo, consejero que clava alfileres en tu sangre.

GOBIERNO CHECOSLOVACO:

INFORME PARA EDVARD BENEŠ

Los alemanes de los Sudetes rompen las negociaciones, se ha quebrado el dique.

Aguas corren a inundar el territorio. Animales trepan los encinos. Los labriegos buscan resguardo en sus tejados.

Las palabras son mariposas perdidas en los bosques.

Queda el silencio, queda la reverberación de voces entre los disturbios.

CANTA EL CORO:

Exploten la excusa perfecta.
En tiempos de guerra cualquier frase tejida con hilos de luz es un sálvenos de las sombras.

LOS CHECOSLOVACOS:

PARTE DE TERROR AL BORDE DE LAS TINIEBLAS

Henlein vuela a Berlín. Emite la siguiente proclama: la toma de los Sudetes por parte de Alemania.

Un amparo al supuesto abandono, un aliento amarillo, una caricia a su pueblo, una estocada en nuestro vientre.

Y nosotros aquí lo vemos volar, lo vemos gritar, ser viento que sopla en un remolino danzante.

CANTA EL CORO:

La oscuridad va insinuando su palidez en el cielo, lo pinta de amarillo, de naranja y de rosáceo.

En la penumbra nos volvemos ausencia, arco de un sol recientemente formado, estrella en la mañana de octubre.

EL FÜHRER:

CEDER AL PESO DE UN DESEO

Chamberlain, ven aquí, si es que no quieres otra guerra. ¡Los checoslovacos masacran alemanes! Trae a tu amigo francés, que Checoslovaquia sola resista. Díganle al marionetero de ojos tristes que Bohemia será la tierra de los estruendos, la desolación, el nido donde nuestras aves dejarán caer sus huevos. No habrá resguardo en sus castillos, los muros de piedra serán frágiles para nuestros caballos de metal, el fuego que cae de sus trompas, el papel picado que sale de las trompetillas.

CANTA EL CORO:

Resplandor de las aguas. Moldava, insomne testigo. Un aullido, un silencio. Un nacimiento reciente y una muerte. En cada ascenso hay una caída futura. En cada vuelo, un aleteo de párpados hacia adentro.

ÉDOUARD DALADIER:
PÁRRAFO DE AIRE

Aquí nuestro deseo. Un ultimátum, una promesa: entrega los Sudetes, Checoslovaquia, más vale el dolor de una pérdida que una pérdida en el ardor de un arrebato. Si te invaden prometemos defenderte. Lo firmamos aquí, Francia e Inglaterra, desde nuestros asientos de cuero, nuestros escritorios de cedro, nuestras cortinas de seda traídas de la India.

CANTA EL CORO:

Abre los ojos a la verdad. A pelear. Solo a través de la batalla se defiende la presa que el carnicero añora. Nadie sale a la defensa de tus manzanas, tus bosques de pinos, tus niños y tus mujeres. Una guerra perdida es mejor que un silencio puesto en el pecho.

EL FÜHRER:
MENSAJE A MIS TIERNOS INTELECTUALES

Beneš, muñeco de jengibre, sabía que ibas a ceder.

Mis queridos Chamberlain y Daladier, aquí les añado la siguiente exigencia: que Checoslovaquia entregue a Polonia y a Hungría los bosques, valles y colinas que les pertenecen.

Accedan o cumplo mi promesa. Verán la cara del adolescente enfurecido, la del pintor frustrado, la del héroe de guerra con proezas fingidas, la del niño al que nadie amó.

CANTA EL CORO:

La vida transcurre frente a los atardeceres. Dos niñas dan vueltas sobre un carrusel. Todo es demasiado urgente cuando la prisa apunta a resguardar la vida; sube el bolo por la garganta.

EDVARD BENEŠ: NO A LA GUERRA

Sé, mis amados checoslovacos, que exigen fortaleza en mis rodillas, no un pulso de escritor de novelas.

El general Jan Syrový instaló un nuevo gabinete. Checoslovaquia ocupa el sistema de fortificaciones fronterizas. Todos listos a luchar. La Unión Soviética ofreció su apoyo. Son amigos. Todos son amigos.

Sin el respaldo de Francia e Inglaterra digo la piedra se queda en mi mano. La corriente arrastrará estas cenizas río abajo.

CANTA EL CORO:

Sin haber recibido el primer puño tu mirada es la de un hombre a punto de caer.

Un líder que oye a otros más que a los suyos es un hombre sin distancia.

EJÉRCITO CHECOSLOVACO:
CARTA CON LAS MANOS EN LOS FUSILES

Aquí estamos en nuestras trincheras, las manos en los gatillos, el titubeo instalado en los cuerpos, las bocas abiertas a punto de fuego. Dinos que sí, que sí somos dignos de nuestra patria, dinos que somos dignos de nuestros hijos, de mirarnos fijamente al espejo, de las aguas que corren por el Moldava.

Deseamos que Praga siga siendo esa chica de ojos verdes y pelo rojo a la que amamos en este silencio de terror.

CANTA EL CORO:

Lo tuyo ya no será lo tuyo, será de otros jabalíes que recorran las lomas nevadas, los bosques llenos de hongos que se cocinan apanados.

Quien cree que todo está perdido sin dar la batalla, pierde los ojos de sus hijos.

NEVILLE CHAMBERLAIN:
UN MENSAJE DE ABANDONO

Se va a sentir traicionado, es cierto, querido Édouard, pero es la única salida. ¿Quieres que los panzers penetren la frontera de tu Francia? El mundo tiene sus injusticias. No será la primera vez que le lancen palomas negras. Lo importante es salvar el pellejo. En el pellejo está la vida; en nuestra piel brillan las luciérnagas.

CANTA EL CORO:

Te cortan la mano. Es su forma de decir adiós.

NEVILLE CHAMBERLAIN:
CARTA BAJO LA MESA

Mi querido Adolf, espero que esta comunicación te encuentre escuchando a tu amado Wagner. Te propongo una conferencia en la penumbra, a cortina de terciopelo, con los ojos del zorro. Invitemos al jefe de Francia; al de Italia.

No irá Checoslovaquia. Beneš olvidó que algo se debe ir perdiendo con el paso de la vida.

CANTA EL CORO:

Acercarse al lobo en busca de cobijo. Dormir una siesta bajo sus fauces hambrientas. Llamar la rajadura a la piel.

EL FÜHRER: MI REGALO

Mussolini, Chamberlain, Daladier y Adolf Hitler aprobamos la incorporación de los Sudetes checoslovacos a Alemania.

Nuestros nudos se soltaron en el agua, todo queda saldado —casi como en familia—, y vuelve la tranquilidad para las ovejas; mas el hambre crece en nuestro corazón.

¿Quieres un poco de este deseo? Ven a buscarlo entre las hierbas de mis ojos.

CANTA EL CORO:

Cuando bajas los puños, volteas la cara y tu mirada descansa en la ilusión del reflejo, eres un constructor de espejismos, marioneta de humo, polluelo junto a la orilla de la muerte.

Llora tus manzanas, llora tu imagen en el espejo, llora la forma en que te ve tu pueblo.

EDVARD BENEŠ: ¡INFAMIA!

"¡Traición de Munich!".

Lloro la puñalada, lloro el destino de mi pueblo, lloro mi imagen en el agua, mi llanto me inunda y respiro miedo.

Soy un hombre blando y debilito el corazón de los valientes.

CANTA EL CORO:

Llorar te dibuja como un niño en medio del bosque, oculto de las fauces a las que temes.

La lágrima te acerca al olvido.

LOS CHECOSLOVACOS:
APRETAR LOS DIENTES

Censuramos este conejo podrido que nos sirven. Un acuerdo acerca de nosotros, sin nosotros y contra nosotros, es como un desconocido que entra a tu casa, se come tu sopa de papas, te da una bofetada y se queda cenando con tu hija, tu mujer y tu madre.

Escuchamos algunos ruidos destemplados y una cuerda en nuestras vísceras se revienta, guitarra sin fondo en esta canción desafinada.

Gran Bretaña y Francia hacen la vista de los soles que se van a otros mundos. Nos miran por el espejo de la tarde. Somos un niño asustadizo en el bosque.

¿Dónde estarán nuestros amigos? Nos imaginan al cristal del terror. Insectos escondidos entre sus cascaras.

CANTA EL CORO:

La traición tiene los ojos de un borracho y la sonrisa atragantada de un bufón.

ANCIANO CHECOSLOVACO:
CAER A UN NUEVO ORDEN

Bajar la cabeza al estanque. Con la ametralladora apretando el cuello, componer una Garantía Internacional de las Nuevas Fronteras. Responsabilizar a los amigos que fueron intachables. Ser una sombra de resplandor.

Decirles a los niños: éramos una época dorada, éramos un viento libre sobre los Cárpatos, éramos una polca de ojos brillantes.

CANTA EL CORO:

Claudicar al fondo de uno mismo como águila derribada, caer con el espíritu quebrado, descender a lo profundo del pánico, estrellarse contra sí mismo.

EL FÜHRER:
MANZANAS EN LA BOCA

En los ojos de Blondie encuentro más belleza que en los de una quinceañera morava. En *La isla de los muertos*, más luz que en cualquier otra figura de Caronte. En *La cabalgata de las valkirias*, más caballos galopantes que en cualquier otra epopeya. Y a Mozart lo encuentro piccolino como diría el italiano.

Esa garantía Internacional de las Nuevas Fronteras es papel dejado a la lluvia.

CANTA EL CORO:

El que quiere un par de manzanas siempre quiere una más, principio vital de cualquier devorador. Con las manzanas también se engulle la piel del mundo.

WINSTON CHURCHILL:
NEURONAS DE UN INCONFORME

Eduardo Bechara Navratilova

Beneš bajó la cabeza. Su corazón se hizo pastel de manzanas. Europa es un río bajo las alas de un águila a punto de atacar.

Una súplica abraza los lagos que se enturbian.

Quien se arrodilla frente al opresor teje nudos al amanecer.

CANTA EL CORO:

Gracias por sembrar semillas adentro de los árboles, gracias por sembrar cerezas en las venas de los valientes.

VENDEDOR DE DIARIOS:
¡EXTRA! ¡ EXTRA!

Panzers en movimiento. Se inicia la ocupación alemana en los Sudetes. Checoslovaquia es invadida por tropas de rubios con ojos azules.

Van con sus portes orgullosos, cisnes de bronce con sus miradas de vidrio.

CANTA EL CORO:

Hoy cenarás con un extraño. La mesa labrada por tu abuelo sirve al enemigo. No lo mires mal. Logró entrar a tu casa. Las verduras más frescas serán para tu invitado especial.

VENDEDOR DE DIARIOS EN BOHEMIA: ADIÓS A LA ERA DORADA

Confirmada la caída del país de los cristales. Confirmada la renuncia del presidente Beneš. Sin su frontera de tilos ni su sistema de fortificaciones, el nuevo Estado es un ventrílocuo sin recuerdos.

CANTA EL CORO:

Seguir el curso del líder, como el río que sigue su cauce; agua, tras agua; sin pensar en escapar de la corriente.
La verdad no siempre vence.

ANCIANO CHECOSLOVACO:
PRIMER ARBITRAJE DE VIENA

Perdemos treinta y ocho por ciento de nuestra hierba en Bohemia, Moravia y Silesia, las manos de nuestra bailarina de vidrio, los pies descalzos de nuestra adolescente.

Los Sudetes gritan: "¡Viva el Partido Nazi!".

Nuestro mapa se reduce: nosotros perdemos una clavícula, otro gana una costilla.

CANTA EL CORO:

Cambiar de nombre, como cambiar de padre, de un instante para otro, en medio de la bruma. Un jabalí es igual a otro jabalí en apariencia.

EMIL HÁCHA: ME PRESENTO

Soy el nuevo presidente de la Segunda República, un abogado, un juez, un traductor de literatura.

Aunque carezca de salud, soy un cometa rojo, un nuevo brío del corcel, una espina en la planta de Adolf Hitler.

¡Que apoye la bota, para que me entierre en su carne!

CANTA EL CORO:

Hablar duro, sin ser punzante, te deja expuesto al filo de la mentira.

LOS CHECOSLOVACOS: SUCESIÓN DE PÉRDIDAS

Hitler negocia con el Partido Popular Eslovaco las manzanas de la antigua Checoslovaquia. A Hácha le pide viajar a Múnich. Lanza un globo al aire, lo ve rozar la piel de los montes Tatras. El miedo hace saltar a las ardillas.

CANTA EL CORO:

Reverberar un canto de flauta con los pies descalzos, ser aire, espejismo en la superficie de terciopelo.

JOZEF TISO:
MANZANA CORTADA

Paseo por Bratislava como emperador del Danubio. Me secunda el Führer y sus manos generosas. Un esbirro suele disfrazarse con la piel feroz de su maestro. El que me quiera, que sonría. El que me odie, que tema.

CANTA EL CORO:

Supongamos que las cosas encontraron su orden en la división. Miras tu estómago como inicio y fin del universo. Desconoces aquella máxima que dice: tu ombligo también es límite.

EL FÜHRER:
MIGRACIÓN DE ÁGUILAS

Te mandé a llamar para informarte de la inminente invasión de nuestras águilas. Quiero vía libre para mis hombres. Que los checos aplaudan mientras se tragan el polvo de nuestras botas. Emil Hácha, ¿comprendes la dinamita de mis palabras? Si te resistes bombardeo Praga. ¿Quieres escuchar el bramido de la Lutfwaffe al fulgor de un cielo rojo?

CANTA EL CORO:

¿Por qué a mí, por qué a mí, si yo amamanto a la criatura de la vecina que murió?

EMIL HÁCHA:
ATAQUE AL CORAZÓN

Siento el peso de un elefante en la sangre. Ayúdame tú, que me amenazas, pierdo la vida en un soplo, en la respiración difícil veo el color de las manzanas perdidas. Y ahora vienes por la cesta como si las hubieses cosechado, las merecieras, te cupieran todas en la boca.

Ayúdame, me deslizo hacia un lugar colmado de sombras.

CANTA EL CORO:

Te asustaste con sus aullidos, te asustaste con sus pasos, te asustaste con su piel. En tus sueños caminas desnudo temblando en un bosque brumoso.

Entregaste las manos y ahora entregas la carne. Acallar tu grito da un golpe adentro.

EL FÜHRER:
ANTE UN HOMBRE CASI MUERTO

Dime que abrirás las compuertas a nuestros hombres, aplaudirás nuestra llegada al corazón de Bohemia. Dime que veremos el reflejo de la esvástica ondeando en las aguas del Moldava, que el castillo será nuestro, que tus gentes se irán volviendo gárgolas, sueños, lámparas de cristal.

CANTA EL CORO:

Cumplir la amenaza abre los senderos a nuevos brotes de luz, nuevas exigencias, nuevas acacias cortadas al sol de la tarde.

EMIL HÁCHA:
MI REINO POR UNA CAMA DE HOSPITAL

Me duele el corazón, el mío, el de Checoslovaquia. Acepto tu entrada a Praga. Te la sirvo en una bandeja de plata falsa.

CANTA EL CORO:

Dejaste que te pintara bombas en las cúpulas. Ahora respiras con oxígeno en la cama de un hospital. Todo dolor del alma dispara un dolor físico. La muerte es un trozo de vidrio.

ANCIANO CHECOSLOVACO:
BAUTISMO DEL PROTECTORADO

Hitler viaja a visitarnos. Desde el castillo de Praga, como águila de alas doradas, instaura el Protectorado. Designa a Reinhard Heydrich su "Protector", un intocable de ojos almendrados.

Vemos pasar a los nazis con sus movimientos de autómatas. Karel Čapek diría que los Robots universales de Rossum pasaron de los teatros a la calle.

Checoslovaquia se convierte en un recuerdo de un recuerdo de un recuerdo.

CANTA EL CORO:

El pasado es transparente; mientras siga siendo tu propio pasado.

REINHARD HEYDRICH: EL CARNICERO DE PRAGA

Sacarles los ojos. Someterlos en medio de su oscuridad. Tratarlos como escarabajos que reptan por los pisos enlodados. Mantenerlos vivos, verlos sufrir, desearles una muerte duradera. ¡Qué reverbere el temor en sus vísceras!

CANTA EL CORO:

Pegar con puño de hierro en las costillas y luego preguntar el nombre: sin rubor, ablandar los huesos.

EDVARD BENEŠ:
EXILIO Y RESISTENCIA

Huyo a Londres. Desde el exilio proclamo el grito checo, una luz en la galaxia apagada. Organizo las células de resistencia, pequeñas semillas de caballos voladores en los cielos por venir.

CANTA EL CORO:

Resistir desde el principio, comenzar a escalar la pendiente desde la falda, divisar la cumbre bajo el sol eclipsado: todo este viaje para encontrarse frente al espejo.

CHECO EN EL EXILIO:
ASES VUELAN EN LA DISTANCIA

Encontrar el valor, tomarlo entre las manos y devolver las fuerzas a las fuerzas. Enfrentar al villano. Ser rebelde desde el nido extranjero. Reunirse con otras aves. Sanar los cuerpos. Levantarse en un mismo vuelo. Agazaparse en los bosques. Ser silencio en el imperio del silencio, rayo que esconde su luz.

CANTA EL CORO:

Levantarse desde adentro. Ponerse en pie. Revisar el perímetro. Situar los ojos en el futuro, la mano en la grieta.

Resistencia checoslovaca

*La muerte hace ángeles de todos nosotros y nos da
alas donde antes teníamos solo hombros...
suaves como garras de cuervo.*

Jim Morrison

PERSONAJES

Edvard Beneš, *presidente checoslovaco en el exilio*
František Moravec, *coronel checoslovaco*
Resistencia checoslovaca, *grupo de checos*
El Führer, *Adolf Hitler*
Reinhard Heydrich, *teniente general nazi*
Josef Balabán, *teniente coronel checoslovaco*
Josef Mašín, *coronel checoslovaco*
Václav Morávek, *capitán checoslovaco*
Josef Balabán, *miembro de la resistencia*
Ctirad Novák, *miembro de la resistencia*
Gestapo, *Policía Secreta Oficial de la Alemania nazi*

EDVARD BENEŠ:
LUZ EN EL VUELO DE UN DC-3

Fecha: 14 de marzo de 1939.

Reporte Confidencial: inminente invasión nazi a Checoslovaquia.

Misión: sacar carpetas y archivos secretos del gobierno y ejército checoslovaco.

Estrategia: ser resbaladizo, cuidar la sombra, mirar con los ojos de las manos, ahogar la voz en el corazón de la palabra, ser un niño de mejilla azul.

CANTA EL CORO:

Huir como un pájaro en el silencio que antecede la tormenta. Llevarse las semillas, acuñarlas, acariciarlas; ponerlas bajo otro sol.

CORONEL FRANTIŠEK MORAVEC:
MISIÓN EXITOSA

Fuimos el viento del día en el atardecer de los párpados caídos, la gloria perdida en un momento de fervor, un brazo del pueblo con el corazón a punto de fuego, un adiós, con nuestros hermanos a la espalda, a la boca del lobo, sus ojos de sal listos a engullir a la presa.

Hecho tangible: nace la resistencia checoslovaca a la luz de nosotros mismos, a la luz del mundo, a la luz de una lámpara en una isla.

CANTA EL CORO:

Una chispa, una llama, la antorcha en la mano de un guerrero enceguecido. Palabras que van dejando sus frutos, pasos que van mostrando el camino.

RESISTENCIA CHECOSLOVACA: CLANDESTINOS

Mis queridos colegas, tengo noticias desde Londres.

Se incendian nuestras venas en un llamado a la acción.

Deseamos escalar el risco, ahogar los gritos del silencio, ser fuente que brilla hacia el interior.

CANTA EL CORO:

Desafiar la altura. Tragarse el sol. Vomitar luz.

EL FÜHRER:
SIEMBRA DEL TERROR

Mi querido Reinhard Heydrich, la palabra "sabotaje" en el Protectorado suena a resurrección de los caídos. Cualquier resplandor matutino en la retina de un sediento es miel instantánea.

Que entiendan: sobre los jardines de Bohemia andan caballos sueltos, cabalgamos con nuestros cascos sobre los adoquines reales.

Con nuestras mareas no se juega. Que le llegue la voz del oleaje a los escépticos. Que el Führer sienta orgullo de su sangre.

CANTA EL CORO:

Sabes bien que una mano de hierro en el cogote de una gallina calma los crepúsculos.

RESISTENCIA CHECOSLOVACA:
INFORME ESCARLATA

Nuestras células han sido aniquiladas.

Murieron los primeros héroes, los segundos héroes, los terceros héroes.

Héroes silenciosos, héroes para ellos mismos, en el propio secreto de su misión, la propia reserva de su historia, el olvido más precario. Desaparecieron bajo las cerdas de la escoba y el barrer de los escombros.

El anonimato tiene cara de tigre a primera oscuridad.

CANTA EL CORO:

Cuidar cada paso en el silencio, ser fantasma frente a los ojos que escudriñan, intentar ser camuflaje.

Se te acercan, te rodean con sus armas, caen sus balas sobre ti, te sabes un eco que se enciende.

Reinhard Heydrich:
Ley marcial

Nuestro objetivo es aplastar la resistencia, verla regurgitar, dejar caer sobre las ratas el peso de nuestros libros.

Quiero esa foto enmarcada en mi oficina del castillo. La estética nos abre la mirada a lo siniestro, nos hace testigos de un descubrimiento, nos genera satisfacción; la belleza del cráneo de un niño entre la hierba que crece.

Canta el coro:

Patriotas ejecutados como osos en medio de una cacería.

Los hombres apestan a azahares extintos bajo la corriente del sol.

CORONEL FRANTIŠEK MORAVEC:
EL INVISIBLE

Mis valientes, envío el siguiente llamado a la acción: luchar
con los ojos abiertos, a punto de fuego, el hígado en la boca
y los pasos en la neblina. Emular al lobo en los bosques de
pinos, las plantas suaves sobre las agujas.

CANTA EL CORO:

*Desde el interior somos halcones agazapados, hermanos de los ciervos,
músculo listo para volar.*

RESISTENCIA CHECOSLOVACA:
SOMBRA DE LOS TILOS

Seamos la pendiente en el nido de las sombras, estudiemos sus movimientos, caminemos sobre los pasos del lobo, arañemos como viento, lejos de las fauces, cerca de los tejados. Respiremos una palabra a la vez, sin aventurarnos a una ráfaga de sílabas.

CANTA EL CORO:

Entender que un murmullo es suficiente; roca junto al precipicio.

TENIENTE CORONEL JOSEF BALABÁN: RADIO CLANDESTINA

Los informes inexactos, los datos de inteligencia maquillados, las actualizaciones militares fantasiosas, el telón de fondo ilusorio al transmitir informes falsamente optimistas, sube la moral, motiva una resistencia, eleva a los saltamontes.

CANTA EL CORO:

Serpentean las ondas con el vuelo de las libélulas. Entendamos la máxima de los arriesgados: les puedes sacar los ojos y seguirán disparando en la oscuridad.

CORONEL FRANTIŠEK MORAVEC:
FELINOS EN LA PENUMBRA

Que haya espinas que brillen bajo los sauces. Los coroneles en la clandestinidad encienden la antorcha del orgullo en sus puños.

CANTA EL CORO:

Sean la hoja que regresa a su árbol, despierten las primeras vocales, tráguense la tristeza bajo los violines rotos.

CORONEL JOSEF MAŠÍN:
CANTO SUBTERRANEO

Levantemos la mirada a las avispas de aguijón bermejo, seamos hojarasca alzada por el viento, pongamos los oídos grandes, cantemos el soplo de las cerezas azuladas sin que nadie perciba el murmullo de los tilos.

CANTA EL CORO:

Abran los ojos, que nadie lea en sus pupilas el aleteo de los halcones.

CAPITÁN VÁCLAV MORÁVEK:

VOCES ENTRE LAS RAMAS

Con espíritu de hormiga estudiamos a los oficiales del protectorado, abrimos las cooperaciones externas con la red de ferroviarios, camioneros, carteros, voluntarios y amigos de lo violáceo, de lo turquesa, horizonte que resiste contra las aves de rapiña.

CANTA EL CORO:

Somos actores en el teatro de los ángeles vueltos carniceros, camaleones del paisaje, halcones con las garras listas a rasgar.

TENIENTE CORONEL JOSEF BALABÁN:

INFORME DE ESCARABAJOS

Transmitimos el movimiento de transportes alemanes, la circulación de mercancía firmada por nuestro esfuerzo, los tablados arrancados de las fábricas que eran la luz del faro.

El conocimiento general de la vida y el bolsillo del Protectorado nos da un vistazo a su garganta, a sus glándulas invadidas por esporas.

CANTA EL CORO:

Los perros maúllan en los tejados y los gatos ladran en la orfandad de la intemperie.

CORONEL JOSEF MAŠÍN:
LLAMADO A LA ACCIÓN

¿Qué verdor habita el interior de cada párpado? ¿Qué iluminación enciende el día de mañana? Seguimos siendo libres en medio de las calles invadidas.

CANTA EL CORO:

Espíritus amordazados; mudeces para el jardín materno; jirones para sus adentros.

REINHARD HEYDRICH:
CANTA EL CARNICERO

Las gallinas se han vuelto a entusiasmar; mueven sus alas como polluelos recién paridos y la orden ha sido clara: torturar a cualquier sospechoso.

Sacarles los dientes con alicate, dejarlos sin ojos, sin espejo a los reflejos de la noche. Minar su interior como un campo de girasoles desangrados. El eco de los fusiles vive en el pecho del aire.

Que siga la carnicería. Disparo al vientre. Que les duela en lo más profundo. Que otros vean como rueda el miedo por las calles. Que sueñen con nosotros en la orilla de su río.

CANTA EL CORO:

Un tañido de campanas a lo lejos hace temblar las ciruelas bajo el sol.

CORONEL FRANTIŠEK MORAVEC:
EL MOVIMIENTO DE LOS ANIMALES

Nuestra misión inmediata es recuperar las armas escondi-
das, distribuirlas entre los compañeros que deseen ponerlas
a volar en medio de los atardeceres.

Arde con pasión la rabia contenida. Usaremos los
explosivos en actividades terroristas. Iluminaremos las ca-
lles con soles que abran una luz en nuestras venas.

CANTA EL CORO:

*La culebra engulle a la culebra. Todo es posible en el centro mismo
del deseo.*

CTIRAD NOVÁK:
RESPLANDOR DEL OTRO LADO

Detoné bombas en el Banco de Berlín, la Jefatura de Policía, el Ministerio de Aviación. Las oí tronar, trizar las fachadas, generar un eco de añoranza en los adoquines resplandecientes. Fui bruma y primer sol, recuerdo y primera noche.

Fallé en el atentado a Himmler. La bomba detonó en el momento correcto. Su tren cargaba el retraso de las carrileras perdidas. No hubo fosforescencia, solo agua oscura.

CANTA EL CORO:

Poner trampas sin señuelo, hundir anzuelos desnudos, tirar piedras a un conejo que huye: flechas lanzadas al desierto.

CORONEL JOSEF MAŠÍN:
DESTELLOS DE CARNE BLANCA

Atacamos los transportes militares alemanes. Algunos androides volaron como juguetes de niño. Fueron aire entre el aire de la mañana.

El llamado a la acción aprieta el puño contra las bruces caídas. Nuestra consigna: encender la llama al despuntar el límite naranja; ser el que escribe palabras sobre las cometas elevadas.

CANTA EL CORO:

El miedo es enemigo de la sobriedad. El miedo lleva a ver ángeles donde hay demonios.

REINHARD HEYDRICH:
SOY HERODES

Hay quienes se apoyan en la brisa de mi rugido.

De un panel de abejas brota la más fina hiel; de un frío emerge un leviatán de mirada taciturna; del cielo vienen querubines en carrozas y relámpagos.

Quiénes sigan sin entender nuestro himno, acumulan helio en sus vientres.

El reloj que pinta la hora en un cielo de autómatas también marca este momento.

CANTA EL CORO:

En la piel de un detractor brillan las escamas. Del hígado destrozado de un héroe emerge un canto.

GESTAPO:
OSCURIDAD DE BOHEMIA

El operativo de aniquilación ha sido un atardecer dedicado a las notas de *La prohibición de amar*. Bajo nuestro imperio de melodías alargadas, los grupos de resistencia son las piernas desmembradas de una yegua, los tobillos quebrados de una danzarina, trozos cortantes de una copa de cristal.

Aún viven los Tres Reyes y su paradero es desconocido.

Método de rastreo: olfatear el hedor de la orina. Un sospechoso es agua derramada.

CANTA EL CORO:

De un ciego a otro silban una ópera. Los ciegos le cantan a la oscuridad.

RESISTENCIA CHECOSLOVACA:
GRITOS ANTES DE MORIR

Reina la caída; la muerte nos hace grandes; en la ausencia el pájaro de la noche reivindica el temblor; sin el miedo nos hacemos poderosos; con nuestro valor le cantamos al mundo; gritamos: somos dueños de nuestras ciruelas y la vida existe entre las grietas.

Un aullido es una adoración, un refugio, una tumba. En nuestro mundo florecen los gajos de las manzanas podridas.

CANTA EL CORO:

En el ascenso de toda águila hay una caída estrepitosa.

Los tres reyes

PERSONAJES

Gestapo, *Policía Secreta Oficial de la Alemania nazi*
František Moravec, *coronel checoslovaco*
Reinhard Heydrich, *teniente general nazi*
Josef Balabán, *teniente coronel checoslovaco*
Torturador de la Gestapo, *suboficial nazi*
Agente de la Gestapo, *oficial nazi*
Agente carcelario, *soldado nazi*
Josef Mašín, *teniente coronel checoslovaco*
Václav Morávek, *capitán checoslovaco*
Resistencia checoslovaca, *grupo de checos*

GESTAPO:
DETECCIÓN DE LOS TRES REYES

Sus alias: Gaspar, Baltasar y Melchor. Medran en la clandestinidad. Entonan un canto de corneta entusiasta, expiden un polvo silencioso, un óxido, una maldición.

CANTA EL CORO:

Una rata valiente hace que las ratas se vuelvan halcones. Una rata valiente lleva una flauta.

Coronel František Moravec:
Recomendación

Caminemos los senderos por el crepúsculo, cuidemos los pasos en los movimientos de una sonata y desconfiemos de todo brillo que prometa un descubrimiento. Que el resplandor nos teja un panorama de gorriones frente al castillo.

CANTA EL CORO:

La muerte conoce el nombre de unas pupilas que fantasearon algún día. La muerte conoce el nombre de los faisanes extintos.

GESTAPO: CAE UN AVE

Después del tiroteo detuvimos a un rey mago. El teniente coronel Josef Balabán se encuentra herido. Parece una ausencia, un eco, unos ojos aullando desde los cerezos.

La dulce y generosa tortura nos dará la corona de los otros reyes.

CANTA EL CORO:

La violencia encierra un pálpito; en la violencia un ser de ojos azules pierde la suavidad de sus gestos.

REINHARD HEYDRICH:
TÉCNICAS DE TORTURA

Láncenle manzanas contra el cuerpo. Que Balabán se pu-
dra en su caparazón, que se vaya volviendo una masa
amorfa, que nos pida misericordia desde el fondo de sus
pies.

El silencio está prohibido para los servidores del
carnicero.

CANTA EL CORO:

*Callar suena a un concierto de violines con los lobos corriendo sobre
la nieve.*

TENIENTE CORONEL JOSEF BALABÁN:
AGUANTAR DESDE LA COMISURA DE LOS LABIOS

Me fortalece el silencio. No diré una palabra así los chillidos me levanten de esta camilla de moribundo.

Mientras más duela el punzón, mientras más me pince la tenaza y menos dientes tenga, seré más ligero en la borrasca que me aleja.

Estos carniceros llevan en su mirada la ruina de la especie.

CANTA EL CORO:

En medio del dolor crece la hierba frente a la laguna.

TORTURADOR DE LA GESTAPO:
ROEDOR ELIMINADO

Se aferró al silencio como brote de agua, se revolcó sobre sus heces, huyó hacia los colores de la madrugada.

Decidimos ejecutarlo. Disparo a la boca y fin de la polca. Mejor muerto que melodía en la sombra. Las ratas pueden parir serpientes.

CANTA EL CORO:

Te llevas el triunfo y les dejas el fracaso entre las mandíbulas, abrazas el dolor como acto de vida.

AGENTE DE LA GESTAPO: OTRA RATA HERIDA

Durante una comunicación radial Praga-Londres cayó Josef Mašín, el segundo rey. Susurraba como apagando un aullido bajo la tarde.

Disparó desde su madriguera. Hirió a un agente. La rata ostenta buena puntería.

El rey se encuentra herido en el hospital carcelario bajo una luz que lo vigila.

CANTA EL CORO:

Has caído y otra miseria nace. El triunfo tiene dos caras: en la oscura chapoteas como un faisán atrapado en el lodo.

AGENTE CARCELARIO:
INTENTO DE FUGA

El segundo rey se arrastró como un puerco sobre el piso. Atacó al guardia en el hospital.

Lo trasladamos a la prisión de Pankrác e iniciamos la tortura en busca de una canción de infancia, de un ojo del halcón, de los escondites.

Con la ayuda de nuestro sabio bisturí delatará el preludio del piano que se escucha sobre el río.

CANTA EL CORO:

Quisiste, como en los viejos tiempos, fugarte de la escuela, correr por el campo de margaritas, meter los pies en el río.

TORTURADOR DE LA GESTAPO: EL CANTO DE LOS INSECTOS

También dejaré un trozo de mi amor en tu recuerdo.

CANTA EL CORO:

En lo que dejas y en lo llevas vuelan nuestras cenizas.

GESTAPO:
INFORME A REINHARD HEYDRICH

Intentó suicidarse con los cordones de los zapatos. Se prefirió un sol en la noche de pinos, un búho de ojos pardos.

No cantará ni siquiera arrastrado por los adoquines desde uno de nuestros panzers.

Las ratas son leales hasta el último de sus dientes arrancados.

CANTA EL CORO:

Quisiste apartarte de un camino de luces dolorosas y te viste como una pera enferma a punto de caer.

TENIENTE CORONEL JOSEF MAŠÍN:

NADIE RASGA MI INTERIOR

Los insectos tienen amor propio. En su nuez son diamantes inexpugnables. Los insectos vuelan mientras sirven de espejo.

CANTA EL CORO:

Los tiranos ven su reflejo en las alas de tu cuerpo. Al atardecer inyectan su veneno en tus gaviotas blancas.

CAPITÁN VÁCLAV MORÁVEK:

LIBERACIÓN A FIN DE TARDE

Con mucho sigilo, un paso tras otro paso, bajo la corriente de brumas, apoyamos la punta de los pies a un canto de libertad. Lamiendo los adoquines vamos al hospital con fuego en las manos. Anhelamos que Josef Mašín vuelva a planear sobre el río. Quien pelea tiene la seña del escorpión tallada en sus huesos.

CANTA EL CORO:

Enderezas tu cuerpo por encima de las zarzamoras, defiendes tu territorio, escapista de vuelo rasante al inicio de la tarde.

AGENTE DE LA GESTAPO:

Eduardo Bechara Navratilova

DESCABEZADA LA SERPIENTE

Intento de rescate bajo el cielo de las sinfonías. Un arpegio, un clavel en la solapa de los rebeldes.

El arrebato del enjambre de Václav Morávek impulsó la ejecución de Mašín.

Ansiaban recuperar la esperanza de sus sueños, su rey caído, la serpiente sin los hilos que la yerguen.

CANTA EL CORO:

Perdiste el silbido de la flauta junto al agua. Sin la música que vibraba en la superficie, tus barcos de papel se hunden entre los remolinos.

CAPITÁN VÁCLAV MORÁVEK:

SEGUNDA OPERACIÓN RESCATE

Un grupo de halcones late hacia el fondo del aire. Se respira un halo de dulzura en los árboles caídos. La misión de las aves alcanza su vuelo más alto, su picada más rasante.

Liberar a otro amigo en las cercanías del Puente de Pólvora, acto de jauría resuelta, acto de vientre templado en dirección al amigo.

CANTA EL CORO:

Un amigo le presta su piel a otro. En una nación caída los poetas son guerreros. Un ave en cautiverio es un ave enterrada.

RESISTENCIA CHECOSLOVACA:
CAE UN HALCÓN

Seguimos los pasos decididos de Morávek, el tranco de su desesperación, el brío que palpitaba en los lirios recién paridos a la primavera.

Un tiroteo con las águilas frenó el camino de los halcones en flor. El capitán se batió como un ave de caída libre bajo la luz naranja.

El eco de uno de los disparos marcó el viaje de la bala, el impacto, el surco en el cuerpo del hombre que sabía volar con su dejo temerario.

Réquiem a la madre de todas las células de la resistencia; réquiem a los Tres Reyes; réquiem a los grandes girasoles.

CANTA EL CORO:

Se apaga un círculo en el aire. Deja su redondez en la memoria de los futuros acróbatas.

AGENTE DE LA GESTAPO:
TRES DE REYES

Tras ser alcanzado por uno de nuestros mensajeros de plomo, Morávek se quitó la vida de un disparo a lo profundo. El cobarde fue incapaz de mirarnos a los ojos. Sintió miedo con nuestras alas sobre él.

La desarticulación de los Tres Reyes marca la caída general de la resistencia checoslovaca. La aniquilación de las células restantes brillará antes del verano.

CANTA EL CORO:

Desprender una parte de tu memoria como una parte de tu cuerpo; abrazamos la pérdida sobre la arena negra.

CORONEL FRANTIŠEK MORAVEC:
OPERACIÓN EN MOVIMIENTO

Entre la carne vibra un aleteo de cuerpos bajo la bruma, un espíritu de entrañas que reverberan, un eco rebelde sobrevolando el follaje.

El albor de una serenidad recorrerá los cielos, nos verá renacer desde lo alto.

Seremos aéreos, emplearemos la cautela, estudiaremos el campo, caminaremos como gatos de tallo fino, sacaremos las ansias del abdomen, mantendremos el pulso.

Seremos de la brisa, no de la piedra.

CANTA EL CORO:

En cada revelación hay un destello y un abandono.

Paracaidistas de Checoslovaquia

*Quien vive en los acordes del clave. Quien transcu-
rre en los violines. Quien finaliza siempre en el
inicio. El tiempo, el espacio, yo. Y ninguna fisura
en la triada.*

PABLO MONTOYA

PERSONAJES

Hana Navrátilová, *hija recién nacida*
Milada Havlová (luego) Navrátilová, *madre de Hana*
Capitán Karel Navrátil, *padre de Hana*
Štěpánka Navrátilová, *tía paterna de Hana*
Anna Havlová (luego) Nevečeřalová, *tía materna de Hana*
Soldado František Navrátil, *tío paterno de Hana*
Pescador de Hlinsko, *vecino de la madre*
Vladislav Navrátil, *tío paterno de Hana*
Paracaidista de Checoslovaquia, *soldado*
František Moravec, *coronel checo en el exilio*
Piloto de un Halifax bombardero, *oficial inglés*
Paracaidista desconocido, *soldado checo*
František Nevečeřal, *tío político de Hana*

MILADA HAVLOVÁ:
BAILE DE MÁSCARAS

Te miré; me miraste. Nos miramos detrás de los desconocidos que éramos, desde lo que pretendíamos ser y que también éramos. Aleteo al viento y se inició el baile. Una polca en la mitad del bosque a la luz de tus ojos; un nuevo movimiento y nos elevamos como la llama. Volamos por el bosque hacia nuestro propio rumbo, volamos con nuestras máscaras puestas más allá de los peligros que acechaban, volamos bajo la claridad del día que entraba por la copa de los pinos.

CANTA EL CORO:

Saltar al vacío en medio de la neblina; salto blanco a la página en blanco.

CAPITÁN KAREL NAVRÁTIL:
UN CISNE EN VERANO

Asistí al baile de máscaras entre los pinos. Detrás de los antifaces, te miré como un cisne en verano, te habité en un lenguaje, en una seña, en un despertar.

Fueron días de planear sobre los bosques a pesar de la amenaza, días dedicados al deseo, a tendernos sobre la pradera roja.

CANTA EL CORO:

El deseo encendió las hojas de los tilos; estrellas fugaces, soles de media noche.

ŠTĚPÁNKA NAVRÁTILOVÁ: MATRIMONIO BAJO LAS ALARMAS

Se casaron frente a un ciruelo de flores blancas, ella con su vestido de inocencia abierta, él con su uniforme de militar listo para el combate.

Vivieron en Polička con la fugacidad vibrante en sus cuerpos. Milada quedó en cinta, Hitler invadió los Sudetes y Karel salió a defenderlos con una mano puesta en la cartuchera, la otra en el pulso lejano de su hija por nacer.

Aquel otoño terminó el baile de los cisnes, el apacionamiento sobre el lago, el vuelo de los violines.

CANTA EL CORO:

La fugacidad ilumina el camino hacia un valle sin fondo.

ANNA HAVLOVÁ:
EL NACIMIENTO DE UNA NIÑA

Hana Navrátilová nació días antes de iniciarse la guerra. Es una criatura de pupilas brillantes, boca roja y ojos rasgados como almendras al sol.

Respira en medio de los árboles frondosos. Llora, quiere dormir, huele la angustia en el rostro de sus mayores.

CANTA EL CORO:

En la guerra todos somos pianistas de una sonata muda, lejos de cualquier luna, cerca de cualquier borde.

SOLDADO FRANTIŠEK NAVRATIL:

INVITACIÓN AL BAILE

Recorro los campos de Pardubice con el jadeo pegado a los párpados. El miedo ha logrado imponer su rostro de niño malcriado.

Cada quien escucha lo que quiere en el canto de las hiedras, en las colinas y la música de los tilos. Yo veo un corazón que se apaga y otro que se enciende.

Una polca es el canto a la acción.

En el silencio los claveles crecen al sol y las garzas vuelan de un estanque a otro.

CANTA EL CORO:

Todo está en la cabeza. Un ave en vuelo es un destello en la tarde, una chica de ojos verdes, un colibrí sobre las flores.

PESCADOR DE HLINSKO:

CARNICERO BENEVOLENTE

Se dice en el pueblo que Heydrich quiere que todos trabajemos en las fábricas. En un pequeño radio escucho que la producción militar checoslovaca gira en función del Tercer Reich. Todo nuestro esfuerzo se dirige al crecimiento de una expansión suprema.

Nos amedrentan, nos estiran la mano y nos vuelven mansos.

Lo dicen los más viejos: los colmillos de una serpiente aseguran el buen comportamiento.

CANTA EL CORO:

Y nosotros aquí, frente al lago, viendo el humo de las calderas, pero con la mirada distinta.

VLADISLAV NAVRÁTIL:

DESPERTAR DE LOS PÁJAROS

Siento en las calles del pueblo que el miedo llama a la parálisis. La atrofia a la vergüenza. La pasividad al sometimiento.

Mas el valor me invita a la acción. Resistir trae consigo un grito. La lucha fortalece la amistad.

Quiero unirme a mis hermanos, demostrar a mis amigos que un puñado de hombres puede regurgitar el silencio.

CANTA EL CORO:

Te paso este cristal que guarda la vida. Cárgalo con cuidado. Mira sus astillas cuando un hombre pierda sus manos.

PARACAIDISTA DE CHECOSLOVAQUIA:

LA MISIÓN

Primero: enterrar el paracaídas en el aire. Segundo: salir del bosque con los ojos reverdecidos. Tercero: cuidar la apariencia de recién llegado. Cuarto: mantenerse vivo en medio del radar. Quinto: contactar a los hermanos que luchan contra la corriente. Sexto: ejecutar la misión a pulso de fe y carne. Séptimo: salir de Checoslovaquia trayendo el canto de las golondrinas. Octavo: volver a la Isla entre las brumas. Noveno: revelar los pormenores sobre nuestros jardines. Décimo: ser de nuevo el pájaro de ojos iluminados.

CANTA EL CORO:

Honren la vida en cada respiración, libélulas de alas membranosas, cuerpo de celofán, bordes propensos a ser rasgados.

FRANTIŠEK MORAVEC:

PALABRAS ANTES DEL SALTO

Aves puestas a la gravedad de los instintos, meteoritos con el ardor en las vísceras, huesos que caen a la superficie quebrada, a un mundo sin centro, a un aterrizar en los ojos de la víbora.

En ustedes habita el quiebre, la palma que toma la mano del enemigo, el brazo que se bate en el pulso.

La valentía nace con el paso de los días, no se muestra como medalla, se lleva en silencio, se acaricia en el anonimato y se libera en las manos brindadas a la   acción.

CANTA EL CORO:

Reconocerse en la mirada del país perdido, apartarse del ayer, dar la bienvenida a un río que brota desde adentro.

PILOTO DE UN HALIFAX BOMBARDERO: HORIZONTES PARA TODOS

El cielo es invadido por halcones sigilosos que abren los brazos al amanecer, pintan al día de transparencia, a la noche de un luminoso verdor.

En el cielo podemos encontrar un reflejo, acomodarlo en nuestro rostro y decirle al mundo: aquí estoy yo, el que acaricia margaritas en la primavera, el que arroja tulipanes a la negrura.

CANTA EL CORO:

Aves silenciosas caen en la oscuridad como gotas de agua.

PARACAIDISTA DE CHECOSLOVAQUIA:
VOLVER A LA PATRIA EN UN HALIFAX BOMBARDERO

Volamos con la lentitud de las aves que cargan su propio peso. Atravesamos un canal, un país, un territorio hecho campo enemigo. En medio de la oscuridad, estas hélices rugen con fiereza. El silencio de la noche delata nuestro paso. Aquí venimos nosotros, tenues rostros de luz al grito de los anhelos.

Entramos al espacio aéreo de nuestra Bohemia. Ajusto las correas del paracaídas. Me acerco a la puerta. El torbellino eriza mi piel. Afuera nace un hoyo negro.

Me lanzo al vacío como pájaro sin alas; de pecho al mundo en medio de la noche, con el nombre apretado entre los dientes y el país como un río entre las venas.

Caigo a la nada y al todo, viaje en el silbido de un momento, una espera, una suspensión en movimiento.

Esperar el instante que intuye el impacto.

Golpeo los pinos que me azotan, rasguñan y laceran. Soy quien soy de cara a las estrellas, a la vida misma, en medio de las ramas quebradizas. Afronto la realidad con un chillido en la garganta: la vida es el grito del soldado que se estrella contra la esperanza.

CANTA EL CORO:

Luchar desde el fondo de la sal, con el corazón en la boca, a grito de silencio.

PARACAIDISTA DESCONOCIDO:
VOZ DE ALIENTO AL CAPITÁN KAREL NAVRÁTIL

Lánzate al fondo de la noche, invade la negrura en salto libre, naufraga en el aire. Vuela de los ojos a la nada con el viento que rasguña tus mejillas. Espera el golpe de piernas, a plena luz de oscuridad, minutos al canto de la espesura.

Romperemos juntos las copas de los pinos, nos destrozaremos la piel y encontraremos el borde a la caída.

CANTA EL CORO:

En tu rostro habita esa luz apagada en la piel de otros.

CAPITÁN KAREL NAVRÁTIL:
SALTO A LA DIGNIDAD

Te llevo aquí conmigo, Checoslovaquia, en el fluir de mis venas aceleradas, en la sonrisa de Hana y en la de todos nuestros huérfanos.

Soy éste que se prepara para afrontar la caída, el que lleva el pulso de los perros que le ladran a la noche, el que palpita hacia la nada.

Con una caída comienza un nuevo despertar, un hombre encuentra el camino para volver a su patria, un padre reclama el brillo en el rostro de su hija.

A la puerta me acerco. Agujas de frío punzan mi carne. Espero el momento, oigo la orden y me entrego a los primeros ojos puestos a lo negro, el vacío de las palabras, el primer golpe, el primer aterrizaje a la punta de los pinos y el primer descender de un árbol que lleva la voz de nuestras mujeres.

Doy pasos sobre el colchón de acículas. Aquí vengo, Checoslovaquia, aquí vengo Vladislav y František, hermanos míos.

Hana de ojos miel, te vislumbro en el reflejo de la madrugada.

CANTA EL CORO:

Todo vuelo inicial marca un punto de partida y un camino zigzagueante.

ANNA NEVEČEŘALOVÁ:
CONVERSACIÓN ENTRE SUSURROS

Hana de mis manos, dicen que tu padre, Karel Navrátil, se fue a pelear la guerra: desciende sobre los bosques checos, escala las praderas, hunde las manos en el agua, recorre territorio enemigo, encuentra su camino a Gran Bretaña y muestra las piedras que sacó del río.

Nunca lo ves, pero él está dentro de tu pecho. Lucha por ti, que eres un brillo en esta tormenta repentina. Yo te lo digo, desde mi voz de pariente cercana, te cuido como una hija y te acaricio como una pérdida.

CANTA EL CORO:

Tu vida en las manos de otro, un juego de silencios, pasos sesgados junto a la baranda de la cuna que advierte el precipicio.

HANA NAVRÁTILOVÁ:
RABIETA DE UNA NIÑA

Quiero a mi padre, la espesura de su pecho contra mi mejilla, quiero sus pupilas en el agua de las mías, un deseo que abra mis noches; ser el tiempo que habita en su sangre.

Que me levante en sus brazos y me diga: hija de mis ojos, naciste en una época de cazadores, pero tú crepitas en medio de los troncos.

CANTA EL CORO:

Ten cuidado de los ruidos del bosque. Entre los árboles sopla un viento delgado, medra una mirada, un laberinto.

FRANTIŠEK NEVEČEŘAL:
CANCIÓN DE CUNA A UNA NIÑA SIN SU MADRE

Mi pequeña Hana, esta guerra no escoge a sus víctimas. Todos somos un silencio en medio del rugido. Hay tilos fuertes, otros que se quiebran por el peso de la nieve en sus ramas.

Tu madre cayó enferma de abandono. No la culpes, ella te ama y espera a tu padre.

Ya volverá, no temas, los buenos padres guardan los recuerdos del amor en sus pómulos calcinados.

CANTA EL CORO:

La ausencia hunde anzuelos en nuestras manos, y pasamos de ser los pescadores que tiran del cáñamo, a ser arrastrados por una fuerza oculta.

HANA NAVRÁTILOVÁ:
BALBUCEOS PARA UNA MADRE AUSENTE

Mamá, vuelve a mi lado. Necesito el perfume de tu voz. Cuéntame una fábula.

Quiero volar a tus brazos, que me columpies al canto de las horas.

Ábreme los párpados; repíteme: tranquila, niña de las cerezas en flor, aquí estoy, vuelvo a la forma de tu rostro, al canto de la quebrada que pasa bajo nuestra sangre.

CANTA EL CORO:

Perderse en el bosque, respirar aire fresco, levantar un hongo. No saber del veneno en los labios.

MILADA NAVRÁTILOVÁ:
SANGRAN DELIRIOS DESDE PRAGA

Te mostraré los ojos, hija mía, mis manos humedecidas, este rostro herido que cargo como fantasma.

Es Milada, tu madre, te hablo desde el silencio que se impone en las paredes de este sanatorio. Praga es una mujer de ojos celestes que también llora. Aparte de tu ausencia, sufro la vejación de doctores que sacan de adentro sus perros muertos en época de guerra.

Ni te imaginas mi presente. Habito un cuerpo que sigue siendo mío, mas las miradas parecen ahora tener vida propia. Mis palabras no son el río de la infancia, el eco de la juventud, los bosques llenos de champiñones ni las praderas sobre las que dancé.

Ahora nadie parece entender que un rayo de luz se perdió al interior de mi cuerpo, que lloro el mutismo de tu padre, el aire hunde alfileres en mi piel al pensar en su abandono.

La barbarie se aproximó a nuestro jardín justo cuando florecían los crisantemos.

Las mejores fotografías de mi vida son ahora un carrusel que desciende. Me lleva al fondo de esta tierra donde he podido ver las vetas de la piedra, esa huella que vamos dejando sobre la corteza, tus ojos.

Me imagino besando a Karel de nuevo, con tu canto de niña alegre junto a nuestra cama. Sueño que te cantamos: hija, algún día serás anciana. Cierra los ojos, Hana, con la yema de tus dedos toca mi nariz, toca mis labios suaves, huele mi cabello, las glicerinas de las manzanas con las que me bañó mi abuela. Pon tu oreja sobre mi vientre. Aún no has salido de mi cuerpo.

CANTA EL CORO:

En todo encuentro hay dos ramos de flores recién cortadas.

NOTA ACLARATORIA DEL AUTOR

Luego de una investigación de años en la actual República Checa, no hay prueba de que el Capitán Karel Navrátil haya sido paracaidista. Se sabe que fue capitán del ejército checoslovaco durante la guerra, participó con esa fuerza militar en actos de resistencia en contra del gobierno nazi que instauró el Protectorado de Bohemia y Moravia, además de que era un hombre valiente y decidido.

Su salida del partido comunista, al que perteneció en sus inicios, y posterior escape de Checoslovaquia en compañía de su hija Hana Navrátilová y su segunda esposa Marie Skálová (Marie Navrátilová para el momento de huir), una noche de verano de 1951 saltando sobre cables electrificados dispuestos en la frontera con Alemania Occidental, para que se electrocutaran quienes osaran escapar, dan cuenta de su personalidad arrojada.

Como refugiado político en Alemania Occidental sería espía de la CIA, arriesgando su vida al cruzar la frontera de regreso a Checoslovaquia, para llevar y traer información y novedades de los aconteceres que ocurrían tras la Cortina de Hierro, dentro del contexto del inicio de la Guerra Fría.

Volviendo al periodo de la Segunda Guerra Mundial, se sabe por información testimonial de la propia Hana Navrátilová y la que dejó Marie Skálová (cualquier otra persona que pudiera confirmarlo se encuentra fallecida), que Karel Navrátil buscaba su camino a Inglaterra y luego regresaba a Checoslovaquia para realizar misiones. De acuerdo a ello y al amor que sentía por volar (quería ser piloto, pero el miedo a los aviones de Anna Navrátilová, su madre, se lo impidió), nos lleva a deducir que la forma de volver a su patria desde Inglaterra era en los Halifax Bombarderos.

A pesar del riesgo implícito de ser derribados, las posibles lesiones al lanzarse a la boca de la noche y caer a los bosques de pinos, resultaba más fácil y expedito volver por aire, antes que atravesar una Francia ocupada, la propia Alemania enemiga o por barco hasta la Polonia invadida, para bajar por tierra de regreso a Checoslovaquia.

Se sabe también, que la región de Pardubice, incluido Dřevíkov (pueblo donde nació y creció Karel), Hlinsko y sus alrededores, fue un lugar donde la resistencia checoslovaca tuvo focos de operaciones importantes. De ahí que Ležáky, un pueblo ubicado a tan solo diez kilómetros de Hlinsko (donde vivía Hana Navrátilová para el momento), y a catorce de Dřevíkov, haya sido arrasado por la Gestapo ese trágico 24 de junio de 1942 en el que los nazis quemaron las casas, separaron a los adultos de sus hijos y los asesinaron, al ubicarlo como el lugar donde se realizaron las comunicaciones con Londres en desarrollo de la Operación Plata dentro de la cual se incluía la Operación Antropoide que terminó con el asesinato de Reinhard Heydrich. Tiempo después, los nazis levantaron las ruinas de sus cimientos, para que los demás habitantes de la región supieran que sus pueblos también serían desaparecidos de continuar realizando labores de resistencia contra el protectorado.

Hicimos la tarea de revisar la Archiv Bezpečnostních Složek (el Archivo de los Cuerpos de Seguridad del Estado), para ver si lográbamos tener acceso a una luz que nos guiara a las operaciones realizadas por Karel dentro de la Segunda Guerra Mundial, y nos encontramos con una serie de documentos que simplemente se referían a su alias en relación con el escape de Checoslovaquia y su participación posterior como espía.

El poeta colombiano Fredy Yezzed, radicado en Buenos Aires, con alta suspicacia concluyó que muy seguramente los miembros del partido comunista habían borrado toda su información, como castigo al haber traicionado el sistema, algo que también le ocurrió al célebre héroe Jan Wiener, un piloto judío checoslovaco, quien durante la guerra logró escapar hasta Londres, entrenarse y pilotear aviones para el escuadrón checoslovaco de bombarderos 311, en múltiples misiones.

Instaurado el sistema comunista Wiener dio un paso al costado por estar en desacuerdo con sus prácticas dictatoriales, lo que le valió pasar de héroe a villano. Fue enviado durante años a un campo de trabajos forzosos al ser considerado "un enemigo del estado". Hay que recordar la máxima bastante repetida de la época: "Si no estás con nosotros estás contra nosotros". El ejemplo de Emil Zatopek, leyenda del atletismo, también es muy conocido.

El partido comunista solía castigar a todo el que no estuviera de acuerdo con sus ideales. Así mismo, le negaba la educación al que no comulgara con ellos o simplemente le quitaba el título profesional, como en efecto ocurrió con Josef Skálá, el hermano de Marie Navrátilová, a quien, luego del escape de Karel con ella y Hana, le quitaron su tarjeta profesional de arquitecto, le prohibieron construir y lo degradaron a obrero raso en represalia a un hecho que ni siquiera él había realizado. A Pavel y Petr, sus hijos, les fue prohibido estudiar una carrera por eso mismo.

Teniendo en cuenta lo anterior, y dada la suposición de que el partido comunista Checoslovaco se otorgó el derecho a desaparecer los documentos que daban cuenta de las hazañas de Karel Navrátil en la Segunda Guerra Mundial, así como los indicios indirectos que apuntan a señalar su condición de paracaidista, por medio de la literatura, que nos da la posibilidad de fantasear, revivir la historia y traer de regreso a quienes ocupan un lugar en ella, aquí les dejo a este Karel, el que dibujaron otros en sus testimonios, el imaginado por el nieto al que jamás conoció, y en últimas, el que quiero que sea, puesto que vuelve a vivir y a volar de nuevo en estas páginas.

EDUARDO BECHARA NAVRATILOVA
Vuelo Madrid – Bogotá
Enero 15 de 2020

ACERCA DEL AUTOR

ACERCA DEL AUTOR

Eduardo Bechara Navratilova nació en Bogotá, Colombia, en 1972. Es hijo de un padre de origen libanés y una madre que escapó de la antigua Checoslovaquia.

Estudió Derecho y Literatura en la Universidad de Los Andes, Bogotá, y tiene una Maestría en Escritura Creativa en la Universidad de Temple, Filadelfia, EEUU, donde fue profesor de Escritura Creativa y Escritura de Negocios en 2009 y 2010.

Tiene publicado los libros de poesía *Poemas a una ciudad, un insecto y una mujer* (Córdoba, Argentina, 2010) y *Metamorfosis I: Las bestias del deseo* (Bogotá, 2019).

Ha publicado las novelas *La novia del torero* (Bogotá, 2002), *Unos duermen, otros no* (Bogotá, 2006) y *El juego de María* (Bogotá, 2015); el libro de crónicas *Mendigo por un día* (Córdoba, Argentina, 2012); y el libro de cuentos *Las maravillas de Alicia* (Bogotá, 2017).

Como antólogo ha compilado los tomos *Breve tratado del viento sur: antología poética de la Patagonia argentina* (Bogotá, 2018) y *La vida es bella: antología poética de cine* (Bogotá, 2019).

Desde enero de 2013 se encuentra realizando un viaje continental por Suramérica en desarrollo del proyecto En busca de poetas, con el objeto de descubrir poetas editados e inéditos, para documentarlos y publicarlos en antologías.

En 2016 fue galardonado con el premio Andrés Be-
llo, por la Fundación Andrés Bello con sede Madrid,
España, por su obra narrativa completa.

Es editor de Escarabajo Editorial, que ha publicado
más de 40 títulos en 13 años de fundada.

ÍNDICE

PARACAIDISTAS DE CHECOSLOVAQUIA

INVASIÓN DE CHECOSLOVAQUIA

Personajes · 15

El Führer: Ojos sobre Checoslovaquia · 17

Neville Chamberlain: Petición temblorosa · 18

Gobierno checoslovaco: Informe para Edvard Beneš · 19

Los checoslovacos: Parte de terror al borde de las... · 20

El Führer: Ceder al peso de un deseo · 21

Édouard Daladier: Párrafo de aire · 22

El Führer: Mensaje a mis tiernos intelectuales · 23

Edvard Beneš: No a la guerra · 24

Ejército checoslovaco: Carta con las manos en... · 25

Neville Chamberlain: Un mensaje de abandono · 26

Neville Chamberlain: Carta bajo la mesa · 27

El Führer: Mi regalo · 28

Edvard Beneš: ¡Infamia! · 29

Los checoslovacos: Apretar los dientes · 30

Anciano checoslovaco: Caer a un nuevo orden · 31

El Führer: Manzanas en la boca · 32

Winston Churchill: Neuronas de un inconforme · 33

Vendedor de diarios: ¡Extra! ¡Extra! · 34

Vendedor de diarios en bohemia: Adiós a la era... · 35

Anciano checoslovaco: Primer arbitraje de Viena · 36

Emil Hácha: Me presento · 37

Los checoslovacos: Sucesión de pérdidas · 38

Jozef Tiso: Manzana cortada · 39

El Führer: Migración de águilas · 40

Emil Hácha: Ataque al corazón · 41

El Führer: Ante un hombre casi muerto · 42

Emil Hácha: Mi reino por una cama de hospital · 43

Anciano checoslovaco: Bautismo del Protectorado · 44

Reinhard Heydrich: El Carnicero de Praga · 45

Edvard Beneš: Exilio y resistencia · 46

Checo en el exilio: Ases vuelan en la distancia · 47

RESISTENCIA CHECOSLOVACA

Personajes · 53

Edvard Beneš: Luz en el vuelo de un DC-3 · 55

Coronel František Moravec: Misión exitosa · 56

Resistencia checoslovaca: Clandestinos · 57

El Führer: Siembra del terror · 58

Resistencia checoslovaca: Informe escarlata · 59

Reinhard Heydrich: Ley marcial · 60

Coronel František Moravec: El invisible · 61

Resistencia checoslovaca: Sombra de los tilos · 62

Teniente Coronel Josef Balabán: Radio clandestina · 63

Coronel František Moravec: Felinos en la penumbra · 64

Coronel Josef Mašín: Canto subterráneo · 65

Capitán Václav Morávek: Voces entre las ramas · 66

Josef Balabán: Informe de escarabajos · 67

Coronel Josef Mašín: Llamado a la acción · 68

Reinhard Heydrich: Canta el Carnicero · 69

Coronel František Moravec: El movimiento de... · 70

Ctirad Novák: Resplandor del otro lado · 71

Coronel Josef Mašín: Destellos de carne blanca · 72

Reinhard Heydrich: Soy Herodes · 73

Gestapo: Oscuridad de Bohemia · 74

Resistencia checoslovaca: Gritos antes de morir · 75

LOS TRES REYES

Personajes · 79

Gestapo: Detección de los Tres Reyes · 81

Coronel František Moravec: Recomendación · 82

Gestapo: Cae un ave · 83

Reinhard Heydrich: Técnicas de tortura · 84

Teniente Coronel Josef Balabán: Aguantar desde... · 85

Torturador de la Gestapo: Roedor eliminado · 86

Agente de la Gestapo: Otra rata herida · 87

Agente carcelario: Intento de fuga · 88

Torturador de la Gestapo: El canto de los insectos · 89

Gestapo: Informe a Reinhard Heydrich · 90

Teniente Coronel Josef Mašín: Nadie rasga mi... · 91

Capitán Václav Morávek: Liberación a fin de tarde · 92

Agente de la Gestapo: Descabezada la serpiente · 93

Capitán Václav Morávek: Segunda operación rescate · 94

Resistencia checoslovaca: Cae un halcón · 95

Agente de la Gestapo: Tres de reyes · 96

Coronel František Moravec: Operación en... · 97

PARACAIDISTAS DE CHECOSLOVAQUIA

Personajes · 103

Milada Havlová: Baile de máscaras · 105

Capitán Karel Navrátil: Un cisne en verano · 106

Štěpánka Navrátilová: Matrimonio bajo las alar... · 107

Anna Havlová: El nacimiento de una niña · 108

Soldado František Navrátil: Invitación al baile · 109

Pescador de Hlinsko: Carnicero benevolente · 110

Vladislav Navrátil: Despertar de los pájaros · 111

Paracaidista de Checoslovaquia: La misión · 112

František Moravec: Palabras antes del salto · 113

Piloto de un Halifax Bombardero: Horizontes... · 114

Paracaidista de Checoslovaquia: Volver a la patria... · 115

Paracaidista desconocido: Voz de aliento al Capi... · 116

Capitán Karel Navrátil: Salto a la dignidad · 117

Anna Nevečeřalová: Conversación entre susurros · 118

Hana Navratilova: Rabieta de una niña · 119

František Nevečeřal: Canción de cuna a una niña… · 120

Hana Navratilova: Balbuceos para una madre… · 121

Milada Navrátilová: Sangran delirios desde praga · 122

NOTA ACLARATORIA DEL AUTOR · 125

ACERCA DEL AUTOR · 129

Colección
MUSEO SALVAJE
Poesía latinoamericana
(Homenaje a Olga Orozco)

1
La imperfección del deseo
Adrián Cadavid

2
La sal de la locura / Le Sel de la folie
Fredy Yezzed

3
El idioma de los parques / The Language of the Parks
Marisa Russo

4
Los días de Ellwood
Manuel Adrián López

5
Los dictados del mar
William Velásquez Vásquez

6
Paisaje nihilista
Susan Campos-Fonseca

7
La doncella sin manos
Magdalena Camargo Lemieszek

8
Disidencia
Katherine Medina Rondón

9
Danza de cuatro brazos
Silvia Siller

10
Carta de las mujeres de este país / Letter from the Women of this Country
Fredy Yezzed

11
El año de la necesidad
Juan Carlos Olivas

12
El país de las palabras rotas / The Land of Broken Words
Juan Esteban Londoño

13
Versos vagabundos
Milton Fernández

14
Cerrar una ciudad
Santiago Grijalva

15
El rumor de las cosas
Linda Morales Caballero

16
La canción que me salva / The Song that Saves Me
Sergio Geese

17
El nombre del alba
Juan Súarez Proaño

18
Tarde en Manhattan
Karla Coreas

19
Un cuerpo negro / A Black Body
Lubi Prates

20

Sin lengua y otras imposibilidades dramáticas
Ely Rosa Zamora

21

El diario inédito del filósofo vienés Ludwig Wittgenstein /
Le Journal Inédit Du Philosophe Viennois Ludwig Wittgenstein
Fredy Yezzed

22

El trazo de la grulla / The crane's trail
Monthia Sancho

23

Un árbol cruza la ciudad / A Tree Crossing The City
Miguel Ángel Zapata

24

Las semillas del Muntú
Ashanti Dinah

25

Paracaidistas de Checoslovaquia
Eduardo Bechara Navratilova

Colección
LOS PATIOS DEL TIGRE
Nuevas raíces – Nuevos maestros
(Homenaje a Miguel Ángel Bustos)

1
Fragmentos fantásticos
Miguel Ángel Bustos

2
En este asombro, en este llueve
Antología poética 1983-2016
Hugo Mujica

3
Ceremonias de la sed
Antología poética 1989-2017
Mery Yolanda Sánchez

4
Bostezo de mosca azul
Antología poética 1968-2019
Álvaro Miranda

Para los que piensan, como Jaroslav Seifert, que, si cualquier persona se calla la verdad, puede ser una maniobra táctica, pero si un escritor se calla la verdad, está mintiendo, este libro se terminó de imprimir simultáneamente en el mes de enero de 2020 en los Estados Unidos de América; en Buenos Aires, en Abisinia Editorial; y en Bogotá, en los talleres de Imagen Editorial, en papel bulky de 59.2 g. y tipografía Garamond, con un tiraje de 1000 ejemplares.